Kampffische für Einsteiger

Wie Sie Ihren Kampffisch Betta splendens sicher kaufen, artgerecht halten und richtig füttern

Jakob de Boer

INHALT

Das erwartet Sie in diesem Buch

In diesem Buch erwartet Sie eine spannende Reise in die Welt der Kampffische, speziell des beliebtesten und am weitesten verbreiteten Kampffisches, dem *Betta splendens*. Dies ist der am häufigsten gehaltene und gepflegte Kampffisch aus der Familie der Labyrinthfische. Alles Wissenswerte und Spektakuläre über die beliebten, fernöstlichen Exoten können Sie in diesem Buch erfahren.

Mein Tipp: Holen Sie sich ein Stück Entspannung und Natur mit einem Kampffischaquarium nach Hause! Sie werden schnell merken, wie der Stress nach einem anstrengenden Arbeitstag von Ihnen abfällt, wenn Sie einen Blick in Ihr Aquarium werfen und Ihre Fische beobachten.

Wussten Sie, dass in Amerika Aquarien auf ärztliches Rezept zur Entspannung verschrieben werden? Beschäftigen Sie sich in Ihrer Freizeit aktiv mit dem Aquarium; Sie werden dabei automatisch lernen und erfahren, komplexe Zusammenhänge über das Wasser, die Natur und das Klima zu verstehen und zu erfassen. Und das Schöne an Ihrem eigenen Aquarium ist: Sie sind der „Verwalter" über diese eigene kleine Welt, die Sie sich zu Hause erschaffen haben.

In der Regel lernt man erfahrungsgemäß auch bald gleichgesinnte Leute kennen, mit denen man sich regelmäßig oft und gern austauscht. Für Kinder und Jugendliche ist es eine ganz klare Empfehlung meinerseits, sich gestalterisch und kreativ mit einem Aquarium und dessen Bewohnern zu beschäftigen. Es geht bei einem Aquarium nicht nur um die Biologie und die Ansprüche der Fische, sondern auch um die Bedürfnisse und Komplexität fragiler Wasserpflanzen. Physik und Chemie sind in der Aquaristik ebenso gefragt, weil Sie sich aktiv mit den Wasserwerten, den Mitteln der Beleuchtung, der Filterung und Beheizung beschäftigen müssen. Sie werden sich im Laufe der Zeit ein umfangreiches Artenwissen aneignen und einen sensibleren Blick für die Natur entwickeln. So macht zu lernen richtig Spaß und es passiert spielerisch, ohne Zwang und Auflagen!

Ein weiterer Vorteil eines Kampffischaquariums: Es muss nicht riesig sein, dafür ist Platz in jeder Wohnung – und sei sie noch so klein! Selbst eine Urlaubsvertretung im Bekanntenkreis für ein Aquarium zu finden, ist in der Regel erfahrungsgemäß nicht schwer. Sollten jedoch alle Stricke reißen, gibt es sogar professionelle, buchbare Aquariensitter für die Urlaubszeit. Im Unterhalt ist ein Aquarium außerdem oft deutlich günstiger als die Anschaffung und laufenden Kosten im Vergleich zu anderen Haustieren.

Faszination Kampffisch: Nicht nur durch ihr besonderes, unvergleichliches Aussehen mit den großen Rücken- und Schwanzflossen, den langen Brustflossen und den bemerkenswerten bunten, schillernden Farben überzeugt der Kampffisch, sondern auch durch sein außergewöhnliches Verhalten. Wussten Sie bereits, dass die Fische proaktiv Brutpflege betreiben und

dafür extra vorgesehene Schaumnester an der Wasseroberfläche bauen? Oder dass sie in der Lage sind, in
sehr sauerstoffarmen Gewässern zu überleben, dank
eines speziellen Organs, dem Labyrinth-Organ? Spätestens nach dem Lesen dieses Buches werden Sie einen völlig neuen Blick und einen erweiterten Horizont
auf den Kampffisch haben. Ich wünsche Ihnen jedenfalls viel Spaß beim Lesen!

Wir beginnen zunächst mit einem Blick in die Geschichte und die Herkunft der Tiere. Dazu blicken wir
vor allem nach Thailand und Kambodscha, woher die
Tiere ursprünglich stammen und tief und traditions-
reich in der dortigen Kultur verwurzelt sind. Die hüb-
schen Fische gelten dort nicht nur als Statussymbol,
sondern werden auch heute noch bei Wetten eingesetzt, wo es nicht selten um erhebliche Geldbeträge
oder sonstige Wertgegenstände, die es zu verwetten
gilt, geht. Bei uns in Europa, speziell Deutschland, ist
der siamesische Kampffisch, *Betta splendens*, in der
Aquarienhaltung so beliebt, weil er nicht nur außerge-
wöhnlich interessant ist, sondern auch als guter An-
fängerfisch für Aquaristik-Einsteiger gilt. Er ist nicht
nur hübsch, anmutig und attraktiv, sondern auch ein
verhältnismäßig pflegeleichter Aquarienfisch.

Deshalb wird er mittlerweile in sämtlichen Bandbreiten, was die Farbauswahl oder die Länge der Flossen betrifft, im Fachhandel angeboten. Bevor Sie sich allerdings endgültig für eine Kampffischhaltung entscheiden, sollten Sie alle Grundvoraussetzungen hierfür nochmals für sich selbst überprüfen. Alle Voraussetzungen für die artgerechte Haltung, die Gesundheit der Fische, die Technik, die Einrichtung des Aquariums und wertvolle Tipps für eine erfolgreiche Zucht werden Ihnen in den darauffolgenden Kapiteln ausführlich erläutert.

Der Kampffisch – eine asiatische Schönheit im Aquarium

EIN BLICK IN DIE GESCHICHTE DES KAMPFFISCHES

Wie bereits im Vorwort erwähnt, stammt der farbenprächtige Kampffisch (*Betta splendens*) aus Asien. Die Hauptverbreitungsländer sind Kambodscha, Laos, Vietnam, Myanmar und Thailand bis hin zur malaiischen Halbinsel. Seit dem Jahre 2019 gilt der Kampffisch sogar als das thailändische National-Wassertier. Geschichtlich ist der Fisch seit dem 14. Jahrhundert in der Kultur der Thais benannt und dokumentiert. Man stößt auf ihn in der Geschichte der Thais sowie in der Literatur und in der Kunst. Die Kampffische gelten bis heute in den Herkunftsländern als Statussymbol. Nicht selten wurde ein armer Bauer durch gewonnene Wetten mit den Tieren reich und gelangte so zu Ruhm und Ehre. So kam es, dass die Fische sogar in die Kaiser- und Königshäuser in Asien Einzug hielten und in allen gesellschaftlichen Rängen zu einer wichtigen Instanz wurden.

In Thailand werden die Tiere heutzutage im großen Maßstab in extra vorgesehenen Zuchtfarmen gehältert, selektiert und gezüchtet. Ursprünglich wurde der Kampffisch ausschließlich zum Wett- und Kampfsport gezüchtet. Dank seines prächtigen Aussehens findet er aber auch immer mehr Beliebtheit als Zierfisch in der Aquariumshaltung und wird mit wachsender Begeisterung gepflegt, gehalten und vermehrt. Das Handelsvolumen mit Kampffischen in Thailand wächst somit ständig und wird jährlich mittlerweile auf rund eine Milliarde Baht geschätzt. Das sind rund 26.000.000 Euro.

In Europa fand der Kampffisch erst im 19. Jahrhundert Einzug. Bevor die Fische den Weg nach

Europa fanden, machten Sie einen Umweg über die USA. Der dortige Erstimporteur, Walden Young, brachte die Tiere über den Seeweg nach Amerika. Die Fische wurden für den monatelangen Transport auf den Segelschiffen in nasse Lappen gewickelt, um sie so vor der Gefahr des Austrocknens zu schützen. Zurück in den USA, begann Walden Young, die überlebenden Tiere der beschwerlichen Reise zu veredeln. Er selektierte die Kampffische und begann dann, sie erstmals in verschiedenen Linien zu züchten. So entstanden nach und nach die ersten Hochzuchten der Kampffische.

Zu Beginn der selektiven Zucht standen zuerst die bemerkenswerten Farben der Tiere im Vordergrund, die sich während der Hälterung in den Becken intensivierten. Erst später kamen dann die Ausmaße der Längen, Breiten und Formen der Flossen hinzu. Ab dem Jahre 1892 gab es dann erstmalig in Europa dokumentierte Schau- und Wettkämpfe mit Kampffischen. Die Fische wurden dadurch bei uns seit diesem Zeitpunkt immer bekannter in der Bevölkerung und auch beliebter.

1966 gründete sich dann der Internationale Betta Congress in den USA, genannt IBC. Die Vereinigung ist international. Die Ziele der Vereinigung des IBC sind es, Kampffischliebhaber länderübergreifend miteinander in Kontakt zu bringen und untereinander Verbindungen herzustellen. Die Mitglieder der Vereinigung können sowohl Hobbyhalter als auch gewerbetreibende Zucht-Profis sein.

Über den IBC können wertvolle Tipps und Informationen zur Kampffischhaltung sowie Unterstützung während der Aufzucht der Jungfische, Informationen zu technischen Problemen, Krankheitserkennung und vieles mehr in Erfahrung gebracht und ausgetauscht werden. Außerdem legt der IBC körperliche Standards und typische Zuchtmerkmale der Kampffische fest.

Diese werden sogar von ausgebildeten Richtern geprüft und bewertet. Ethische Grundsätze zum Kauf und Verkauf der Fische gehören ebenfalls zum Kodex der Vereinigung, sodass Sie u. a. dort seriöse Züchter und Kontakte finden können. Mehr Informationen der Vereinigung finden Sie online auf deren Homepage: www.ibcbettas.org oder über die Seite: www.kampffischfreunde.de. Außerdem organisiert der IBC auch viele Kampffischausstellungen, auch international. Organisierte Kämpfe unter den Kampffischen lehnt der Kongress jedoch vehement ab und distanziert sich davon. Darüber hinaus unterstützt der IBC ein Artenschutzprogramm, in dem wertvolle Daten über wild lebende Kampffische gesammelt werden und das den ursprünglichen Lebensraum der Vertreter der Labyrinthfische schützt. Dieses Artenschutzprogramm erfolgt ganz im Dienste der Wissenschaft und Forschung und liefert wertvolle Daten zum Erhalt und Schutz der Tiere und deren Biotope.

Ein Vertreter der Labyrinthfische

Im ursprünglichen Lebensraum lebt der zu den Labyrinthfischen gehörende Kampffisch bevorzugt in Reisfeldern, Seen, Tümpeln und Pfützen. Das namensgebende Labyrinth-Organ der Familie der Labyrinthfische liegt bei den Tieren am Kopf. Das Organ ermöglicht den Kampf- sowie den anderen Vertretern der Labyrinthfische in sehr sauerstoffarmen Gewässern zusätzlich zu der Kiemenatmung über das Maul an der Wasseroberfläche proaktiv Luft zu holen. Dabei wird eine verbrauchte Blase mit Luft gegen eine neue

Blase mit Frischluft ausgetauscht. Im Aquarium sollten Sie wegen der Eigenschaft des Luftholens deshalb darauf achten, den Deckel der Aquarienabdeckung stets geschlossen zu halten.

So kann sich die Luft im Raum zwischen der Beleuchtung und der Wasseroberfläche aufwärmen. Zu kalte Atemluft kann dem Kampffisch auf Dauer gesundheitlich schaden. Bei einem stets geschlossenen Deckel gewährleisten Sie, dass das nicht passiert. Vor allem zur Winterzeit könnte das Ihren Tieren starke, gesundheitliche Probleme bereiten. Außerdem vermeiden Sie bei einem geschlossenen Deckel auch, dass die Fische nicht aus dem Becken springen können.

Das tun manche Vertreter der Kampffische nämlich sehr gern, obwohl man es ihnen vielleicht auf den ersten Blick nicht so recht zutraut. Kampffische bevorzugen verkrautete, nicht zu tiefe, stille Gewässer. Die ideale Wassertemperatur liegt für die Vertreter der Labyrinthfische zwischen 24 – 28 °C. Damit die Tiere stets die Möglichkeit haben, Luft zu holen, sollten Sie das Aquarium nur bis zu maximal 75 % verkrauten lassen und die Wasseroberfläche regelmäßig auf freie Stellen kontrollieren. Labyrinthfische brauchen immer die Möglichkeit, an die Wasseroberfläche zu schwimmen und zu atmen.

Es wurde bereits nachgewiesen, dass bei den Fischen Kiemenatmung allein nicht reicht. So gab es schon Fälle, in denen Labyrinthfische in Aquarien gestorben sind, obwohl sie eine spitzenmäßige Wasserqualität hatten und über ihre Kiemen atmen konnten. In diesen Aquarien war aufgrund eines viel zu hohen Wasserstandes keine Möglichkeit mehr, an die Oberfläche aufzutauchen und über das Maul Luft zu holen.

Zu den weiteren Vertretern der **Labyrinthfische** gehören sowohl afrikanische als auch asiatische Fischarten. Insgesamt gehören zu dieser Familie 160 Arten in rund 20 Gattungen. In Asien finden wir die zur Familie dazugehörigen Guramis, etwa den **küssende Gurami** (*Helostoma temminckii*), den **Honig-Gurami** (*Trichogaster chuna*), der bereits aus der Aquaristik bekannt ist, und der **Riesengurami** (*Osphronemus goramy*). Der küssende Gurami wird in Asien als beliebter Fleischlieferant genutzt und gezüchtet. Er erreicht eine Länge von rund 30 cm. Irreführend ist sein Name, denn der Fisch küsst nicht aufgrund zärtlicher Gefühle, sondern trägt auf diese Weise Konflikte und Rangkämpfe aus. Gern wird er in Asien auch als Aquarienfisch gesehen, wo man den Tieren zum besseren Abverkauf grelle Neonfarben unter die Haut spritzt. In Deutschland ist so etwas zum Glück gesetzlich verboten.

Fadenfische, die in 9 Arten vorkommen, und **Kletterfische**, die sich von Indien, China bis nach Südostasien verbreitet haben, gehören zu den weiteren Vertretern der Labyrinthfische. Fadenfische gelten nach den Kampffischen als beliebteste Vertreter der Labyrinthfisch in der Aquaristik. Mittlerweile gibt es sie in vielen gezüchteten Farbvarianten, die spektakuläre Namen, wie bspw. „white snake", „super red" oder „cobalt blue" tragen. Die langen, fadenähnlichen Brustflossen dienen den Tieren zum Ertasten ihrer Umgebung.

Selbst Geschmackspartikel kann der Fadenfisch mit den verlängerten Brustflossen wahrnehmen und sich somit bestens in seinem Revier orientieren. Auch er gilt in Asien als beliebter Speisefisch. Ein Grund dafür ist unter anderem die Fähigkeit, ohne Wasser lange am Leben zu bleiben – aufgrund seiner Atemfähigkeit über das Labyrinth-Organ. So gewährleisten die heimischen Fischhändler die Frische und die Qualität der zum Kauf dargebotenen Fadenfische.

Kletterfische, die von Art zu Art 3,5 bis 30 cm groß werden können, findet man sowohl in stillen Kleingewässern als auch in langsam fließenden Gewässern, wie z. B. in Bächen oder Nebenarmen und

Seitenläufen von Flüssen. Sie sind bemerkenswerterweise in der Lage, über den Boden kriechend kurze Wegstrecken zurückzulegen und so zu neuen Gewässern zu gelangen. Selbst das Erklettern schräger Äste stellt für die Tiere kein größeres Problem dar. Im Gegensatz zu den Kampffischen sind die meisten Vertreter sog. Freilaicher. Sie setzen ihren Laich im Wasser ab und bauen in der Regel weder Schaumnester noch bebrüten sie ihre Eier im Maul, wie es etwa für die Vertreter der Kampffische oder der Fadenfische typisch ist.

Buschfische findet man in 28 Arten, aufgeteilt in zwei Gattungen, in Afrika. Ihr Verbreitungsgebiet erstreckt sich südlich ab der Sahara-Wüste bis hinunter nach Südafrika. Dort bewohnen die meisten Arten bevorzugt leicht fließende Gewässer. Die meisten Arten der Buschfische sehen sich recht ähnlich. Sie sind, genau wie die Kletterfische, in der Lage, Wegstrecken über Land zurückzulegen. Eine hervorragende Anpassung an einen teilweise sehr trockenen Lebensraum, die unter Umständen lebensrettend sein kann.

In den Verbreitungsländern ist die Austrocknung von Kleingewässern keine Seltenheit. Buschfische können im Aquarium dauerhaft recht scheu sein. Deshalb benötigen Sie viele Versteckmöglichkeiten, am besten durch Wurzeln. Aus zoologischer Sicht werden die afrikanischen und die asiatischen Labyrinthfische unterschiedlichen Familien zugeordnet.

WIE LANGE LEBEN KAMPFFISCHE?

Die Lebenserwartung des Kampffisches beträgt rund vier Jahre. Natürlich ist die Voraussetzung für dieses hohe Alter eine optimale Pflege der Tiere. Dazu gehören ein regelmäßiger Wasserwechsel sowie die Kontrolle der Wasserwerte und der Temperatur. In der freien Wildbahn ist es eher selten, dass ein Kampffisch ein Alter von vier Jahren erreicht. Oft sind der Druck und Stress, der von Artgenossen und Revierkämpfen ausgeht, für die Tiere sehr kräftezehrend, sodass ein frühzeitiger Tod eintritt. Auch spielen Temperaturschwankungen, Schwankungen der Wasserqualität oder gar das Vertrocknen von Klein- und Kleinstgewässern eine große Rolle bei der Lebenserwartung der Fische.

Ein nicht unerheblicher Teil der Fische wird von Beutegreifern verzehrt. Im Aquarium ist ein weiterer Faktor frühzeitigen Ablebens eine durchgehend dauerhaft erhöhte Wassertemperatur. Diese lässt die Kampffische zu schnell altern und führt zum frühen Tod.

AUSSEHEN UND CHARAKTER-EIGENSCHAFTEN DER FISCHE

Egal, ob schwarz, blau, rot, lila, rosa, türkis, blau, weiß, gelb oder farblich gemischt, der Kampffisch ist einfach eine Augenweide. Charakteristisch sind auf jeden Fall bei den männlichen Tieren die außerordentlich großen Rücken- und Schwanzflossen.

Hinzu kommen die langen und schmalen Brustflossen, die wie ein Schleier wirken, den der Fisch mit sich trägt. Daher wird in Deutschland auch gern der Name „Schleierkampffisch" für den *Betta splendens* verwendet. Verhältnismäßig sind die Flossen im Gesamteindruck im Gegensatz zum Körper des Fisches sehr groß.

Diese Tiere werden im Fachjargon als „Hochzuchten" bezeichnet. Bei sehr großen Schleierflossen sollte man allerdings bedenken, dass es den Fisch unwahrscheinlich viel Kraft beim Schwimmen kosten kann oder bereits zu eindeutigen motorischen Beeinträchtigungen führt. Vielleicht sollte dieser Aspekt auch in Ihrer Entscheidung der Auswahl des Tieres für Sie eine Rolle spielen. Im Ursprung ist die Urform des Kampffisches sogar recht kurzflossig; das Ausmaß der voluminösen Flossen wurde erst im Laufe der Jahrhunderte angezüchtet.

Die Hochzucht veränderte leider nicht nur das Aussehen der Tiere, sondern steigerte auch ihre innerartliche Aggressivität gegenüber Konkurrenten oder sogar gegenüber dem anderen Geschlecht der Fische. Dies kann in der Vergesellschaftung der Tiere unter Umständen problematisch sein.

Aber dazu später, wenn es um die richtige Auswahl und der Zusammenführung der Fische geht, mehr. Kampffische sind von Natur aus eher einzelgängerisch veranlagt. Eine unbedachte Vergesellschaftung mit anderen Fischen kann zu argen Stress-Problemen und aggressivem Verhalten bei den Kampffischen führen. Das passiert in der Regel bei recht hektisch schwimmenden und sehr lebendigen Schwarmfischen oder Fischen mit bunten, großen Flossen, Guppys beispielsweise.

Kleine Fische oder Garnelen werden von den Kampffischen gern gefressen, was für Sie auf Dauer kostspielig werden könnte. Flossen-beißende Fische, wie etwa **Barben** (z. B. **Sumatrabarben, rötliche Saugbarben**), **Schwertträger** oder **Skalare** würden den Kampffisch anfressen und ihn damit stark beschädigen.

Auch **Feuerschwänze**, verschiedene **Schmerlen**

(z. B. **Schachbrettschmerle, Netzschmerle, Maus-schmerle**) sind mit Vorsicht zu genießen, da sie recht störend und aufdringlich sein können. Großflossige Fische, wie etwa **Guppys**, können Territorialverhalten bei den Kampffischen auslösen. Dies würde wiederum bedeuten, dass der Kampffisch auf den Guppy losgehen würde. Sollten Sie auf eine Vergesellschaftung mit anderen Aquarienfischen bestehen, haben sich unter anderem **Platys, Neons, Keilfleckbärblinge, Zebrabärblinge, Bitterlingsbarben, Glühlichtsalmler, Purpurziersalmler, Schrägschwimmer, versch. Arten von Killifischen, Rotkopfsalmler, Kardinalfische, Beilbäuche, Sternflecksalmler, Rubin- und Leopardbärblinge** sowie weitere Vertreter ihrer Familien im ausreichend großen Aquarium bewährt.

Das heißt allerdings nicht, dass es eine Garantie gibt, dass einzelne Vertreter dieser Fische nicht doch am Kampffisch knabbern oder zupfen. Sollten Sie so ein Verhalten von Ihrem Mitbesatz beobachten, ist die Vergesellschaftung schnellstmöglich aufzulösen. Eine Voraussetzung für ein gutes Gelingen der Vergesellschaftung sollte ein dicht bepflanztes Becken sein, das viele Versteckmöglichkeiten bietet, gut strukturiert ist und Sichtbarrieren schafft. So können die Fische im Aquarium kleine Reviere bilden und sich aus dem Weg gehen.

Sichtbarrieren sorgen für weniger Stresssituationen bei den Tieren. Bedingt kann auch eine Vergesellschaftung mit **Schmetterlingsbuntbarschen, Paradiesfischen** oder **Zwergfadenfischen** funktionieren. Natürlich sollten Sie sich um des Friedens in Ihrem Aquarium willen nur jeweils auf ein bis zwei Arten der gerade genannten Beispiele in Ihrer Auswahl des Mitbesatzes beschränken.

Sollten Sie sich trotz aller Gegenargumente für eine Vergesellschaftung der einzelgängerischen Kampffische entscheiden, sollten Sie allerdings stets damit rechnen, dass die Stimmung in Ihrem Aquarium jederzeit kippen kann. Dabei spielt es keine Rolle, wie lange Zeit es schon vorweg gut im Zusammenleben mit den verschiedenen Fischarten untereinander läuft. Reagieren Sie sofort, sollten Sie Verhaltensveränderungen oder körperliche Anzeichen für Attacken bei Ihren Tieren bemerken. Greifen Sie nicht ein und lassen die Fische weiterhin zusammen, kann dies zu Verletzungen oder gar bis zum Tod der Fische führen.

Es gibt Berichte, in denen Halter von Zwergbuntbarschen und Kampffischen berichten, dass die jeweiligen Parteien im aufwendig strukturierten Aquarium sich gut miteinander arrangierten, bis es zur

Paarungszeit kam. Diese führte dann von heute auf morgen zu tödlichen Revierkämpfen der unterschiedlichen Fischarten, obwohl sie vorher friedlich miteinander lebten. Ich empfehle Ihnen, ein eingefahrenes Notfallaquarium in der Hinterhand zu haben. So können Sie bei Problemen schnell reagieren und die Fische umsetzen.

Die braun-grünliche ursprüngliche Wildform der Kampffische ist aus gutem Grund kurzflossig. Die überlangen Flossen wären im natürlichen Lebensraum nur hinderlich, brächten Verletzungsrisiken mit sich und würden Fressfeinde unnötig auf sich aufmerksam machen. In der Aquarienhaltung handelt es sich bei den Schleierkampffischen dank der jahrhundertelangen Selektion um eine der mittlerweile attraktivsten Pfleglinge überhaupt. Die Weibchen bleiben farblich in der Regel etwas unscheinbarer als die männlichen Fische.

Meist sind sie rötlich bis bräunlich gefärbt. Auch die Flossen sind wesentlich kürzer als bei den männlichen Tieren. Im Gegensatz zu den Männchen sind weibliche Kampffische deutlich weniger aggressiv. In der Regel gibt es bei Haremshaltungen innerhalb der Weibchen keine nennenswerten Spannungen oder Probleme und das Zusammenleben untereinander funktioniert gut.

Die Normgröße der Kampffische beträgt in der Regel 5 bis 6 Zentimeter, in Ausnahmefällen können die Tiere jedoch bis zu 12 Zentimeter groß werden. Somit gehören sie zu den mittelgroßen Aquarienfischen.

WIESO HEIßT DER KAMPFFISCH „KAMPFFISCH"?

Die als untereinander sehr aggressiv geltenden Kampffische werden in Asien gern in Sport- und Wettkämpfen eingesetzt. Die Aggressivität Kontrahenten gegenüber stammt von einem ausgeprägten Territorialverhalten. In Asien werden für den Kampf der Fische mindestens zwei männliche Kampffische in einen Behälter gesetzt. Der Kampf beginnt mit dem Umkreisen des Gegners und Imponier- und Drohgehabe.

Dazu präsentieren die Kontrahenten ihre Flanken mit den auffälligen und großen Rücken- und Schwanzflossen und spreizen ihre Kiemendeckel ab, um noch größer zu wirken. Dabei rütteln sie ihre Flossen in abgehakten Bewegungen. Kurz darauf folgen die körperlichen Attacken und Jagdszenarien, die in der Regel zum Tod des angefeindeten Kampffisches führen.

Stirbt ein Fisch nicht beim Kampf, wird er

aufgrund des Stresses und des kräftezehrenden Kampfes dennoch nicht mehr alt werden. Gewinner des Kampfes werden oft noch in der selektiven weiteren Zucht verwendet, um eine möglichst starke neue Generation zu schaffen. Solche neugeborenen „Gewinnertypen" erzielen auf den Kampffischbörsen horrende Kaufsummen, da Ruhm, Geld und Ehre in Aussicht stehen.

Der Erwerb Ihres Tieres

Ist Ihr Aquarium fertig eingerichtet und eingefahren, geht es an den Erwerb Ihrer Tiere. Hierzu rate ich Ihnen, sich seriöse Händler zum Kauf Ihrer Fische zu suchen. Der Internationale Betta Congress wäre ein guter Kontakt, um einen geeigneten Händler für Ihre Tiere zu finden. Die Vereinigung gründete sich damals aus Kampffischliebhabern in den USA, heute sind sie in vielen Ländern, auch Deutschland, Österreich und der Schweiz, vertreten. Mehr Informationen finden Sie auf deren Homepage: www.ibcbettas.org.

Der Ethikkodex der Vereinigung gibt den Züchtern vor, sämtliche Daten und Hintergründe der Kampffische und deren vorhergehende Haltung und Abstammung preiszugeben und transparent mit den Informationen zu arbeiten. Sie können dort Fische bei privaten Hobbyzüchtern sowie professionellen Händlern kaufen. Auch ein guter und professioneller Zoofachhandel wird Ihnen gern Auskunft und eine ordentliche Beratung über die Hintergründe und die Bedürfnisse der Tiere geben wollen.

Händler, die Kampffische aus asiatischen Zuchtfarmen importieren, zu unterstützen und dort zu kaufen, lehne ich persönlich strikt ab. Die Tiere werden dort sehr oft in den Zucht- und Hälterungsbecken schlecht und nicht artgerecht behandelt und gehalten.

Sie können davon ausgehen, dass ein Kampffisch, der zuvor aus einer asiatischen Zuchtfarm nach Deutschland importiert wurde, auch nicht mehr besonders alt bei Ihnen im Aquarium wird. Oft sitzen die männlichen Tiere dort dicht an dicht in winzigen Becken, ohne jeglichen Sichtschutz in durchsichtigen Behältern nebeneinander. Das führt zu massiven Stress rund um die Uhr und schädigt die Tiere nachhaltig in ihrer Gesundheit. Viele Kampffische sterben an den miserablen Zuständen in den asiatischen Zuchtfarmen in den Becken schon während der Zucht. Auch halten sich massive Gerüchte, dass nicht perfekte Kampffische Müll-ähnlich vor Ort entsorgt werden. Somit sterben für jedes Import-Tier etliche weitere Kampffische – einfach umsonst.

Die Preise der Kampffische setzen sich in der Regel nach ihrem Aussehen zusammen. Die Tiere werden kategorisiert in die Formen der Schwanzflossen. Da findet sich beispielsweise die Variante „**Overhalfmoon**", der den „**Halfmoon**" mit einem Flossen-Spreizwinkel von 180 Grad toppt. Der „**Overhalfmoon**" und der „**Halfmoon**" sind mittlerweile umstrittene Zuchtvarianten, da man zusehends feststellen musste, dass die Tiere das Gewicht ihrer Flossen kaum mehr tragen können. Dann gibt es noch die Zuchtvariante „**Delta**" mit einem Winkel der Schwanzflosse bis 165 Grad und den „**Superdelta**", der einen Spreizwinkel der Flosse von 180 Grad vorweisen kann.

Weitere Kriterien, die den Preis der Kampffische bestimmen, sind die Typen der Schwanzflossen. Hier finden wir folgende Kategorien: den „**Rosetail**". Diese Variante soll, wie es der Name vermuten lässt, an eine erblühende Rose erinnern. Dazu wurde die Haut des Fischschwanzes hochgezüchtet und legt sich Falten-artig übereinander.

Dann gibt es den „**Veiltail**", bei dieser Zuchtvariante wurde der Schwanz zu einer eher kompakten, verbundenen Schleierschwanzflosse gezüchtet. Beim „**Doubletail**" ist das Gegenteil der Fall, die Flosse wurde weit bis zum Schwanzansatz geteilt, sodass aus einer Flosse praktisch zwei wurden. Dann gibt es die Zuchtform „**Crowntail**". Hier wurde die Flossenhaut so weit zurückgezüchtet, dass die nun gut sichtbaren Flossenstrahlen wie eine Krone aussehen.

Beim „**Spadetail**" handelt es sich um möglichst spitz zulaufende Schwanzflossen bei den Kampffischen. Der „**Combtail**" ist der „**Crowntail**" in der Light-Variante. Diese Zuchtform zeigt etwas mehr Flossenhaut. Das „**Plakat**" ist wahrscheinlich die Fisch-freundlichste Variante und ähnelt der eher kurzflossigen Wildform des Kampffisches.

Ein weiteres Preiskriterium ist die Form und Beschaffenheit der Brustflossen der Tiere. Wie der Name „**Dumbo**" bereits vermuten lässt, trägt diese Zuchtvariante besonders große Brustflossen. Im Idealfall erinnern die Flossen an Ohren eines Elefanten. Diese Kampffischvariante leidet auch an Fortbewegungsproblemen und sollte daher nicht unbedingt mit einem Kauf der Tiere unterstützt werden.

Die Variante „Giant" zielt insgesamt auf Größe, nicht unbedingt nur bei den Brustflossen, sondern auch gleich beim ganzen Tier. Ein weiteres, ganz wichtiges Preisargument für den Kauf des Kampffisches ist natürlich die Farbe. Wie bereits erwähnt, gibt es den Kampffisch mittlerweile in allen erdenklichen Farben.

Mitunter die höchsten Preise erzielen mehrfarbige Tiere oder Tiere mit Farbverläufen. Hierzu gibt es auch wieder bestimmte Zuchtvarianten, beispielsweise den „Candy". Ebenso wichtig für den Preis wie die Farbe ist die Pigmentierung der Haut. Hier finden wir den „Dalmatin". Das sind in der Regel zweifarbige, meist gesprenkelte Tiere. Dann gibt es den „Piebald": Wie es der Name bereits erahnen lässt, zeigt der Fisch kahle Stellen ohne Pigmente auf der Haut. Dann gibt es den „Koi". Diese Variante besitzt mehrere Farben, die deutlich voneinander abgegrenzt sind, so wie eben bei Kois. Die farblich verwaschene Variante des „Kois" trägt den Namen „Marble" und gilt als separate Variante. Beim „Chocolate" handelt es sich um Kampffische mit einem bräunlich-gelben Körper. Die Flossen sind deutlich heller, auch gern mit einem farblichen Verlauf. Beim „Copper" ist deutlich ein kupferner Schimmer am Körper des Tieres festzustellen.

Die Variante „Lemon" vertritt ein gelblich-transparenter Kampffisch mit durchscheinenden Flossen. Der „Butterfly" zeigt standardmäßig weiße Flossen zu einem farbigen Körper. Die Abgrenzung der Farben ist dabei klar und deutlich. Der „Mustard Gas" ist blau am Körper, dann zulaufend Senf-gelb gefärbt und an den Flossenenden ebenfalls blau. Bei der Variante „Dragon" ist der Körper der Tiere weiß gefärbt. Danach kommt eine schwarze Linie entlang der Flossen, die die Flossen zum Körper abgrenzen. Zum Ende der Flossen sind die Tiere oft farbig.

Zu guter Letzt wird die Wertigkeit der Kampffische noch von der Beschaffenheit der Schuppen beeinflusst. Es gibt die Variante „Masked", bei welcher der Fisch eine Fläche aus schillernden Schuppen auf dem Kopf aufweist. Dann gibt es den „No Masked", wobei der gesamte Kopf des Kampffisches frei von schillernden Schuppen ist. Als Gegenteil dazu gibt es die Variante des „Full Mask", der am ganzen Kopf mit schillernden Schuppen bedeckt ist. Bei der Variante „Irisierend" zeigt der Kampffisch halbe und ganze schillernd-schimmernde Schuppen, die je nach dem Einfall und dem Winkel des Lichts ihre Farbe wechseln.

Im Vordergrund all Ihrer Auswahlkriterien und der Schönheit des Fisches sollte jedoch die Gesundheit

Ihres Tieres sein. Hier eine kurze **Checkliste**, anhand derer Sie einen gesunden Kampffisch erkennen:

- Sind die Flossen beschädigt? –

Eingerissene oder löchrige Flossen weisen auf eine Vergesellschaftung mit Fischen hin, die den Kampffisch bereits angebissen und beschädigt haben. So ein Tier wird vermutlich sehr gestresst sein, was sich auf seine Gesundheit niederschlägt. Pilzerkrankungen treten häufig bei gestressten Tieren auf, da das Immunsystem durch den Stress bereits im Keller ist.

- Hat der Fisch Wunden? –

Ein Fisch mit Wunden wurde höchst wahrscheinlich nicht gut gehalten. Ich rate Ihnen dringen vom Kauf ab!

- Hat der Kampffisch Stress? –

Selbst mit einem wenig gut geschultem Auge kann man beim Kampffisch Stress gut erkennen. Er ist in der Regel blass gefärbt, farb- und glanzlos und weist deutlich zwei bis drei erkennbare Stress-Streifen auf, die waagerecht über den Körper verlaufen.

- <u>Wie erkennen Sie, ob das Tier krank ist?</u> –

Ein krankes Tier erkennen Sie am Buckel oder am eingezogenen Bauch. Zu dick oder viel zu dünn können Hinweise auf Endoparasiten oder eine schlechte Ernährung sein. Weiße Pünktchen sind ein Zeichen für eine Krankheit, wo der Fisch mit Ektoparasiten befallen ist. Pilzerkrankungen erkennen Sie an weißen, ungut aussehenden Hautstellen. Auch die Augen sollten klar und normal aussehen, keine Glupschaugen beispielsweise.

- <u>Wie äußert sich ein gesundes Verhalten meines zukünftigen Fisches?</u> –

Ein gesunder Kampffisch bewegt sich freischwimmend im Wasser, hat klare Augen und eine normale Körperform, wie Sie ihn bereits von Bildern gesunder Kampffische her kennen. Ist ein Tier sehr defensiv, deutet das auf Stress hin. Testen Sie das von Ihnen auserwählte Tier auf seine Fitness, indem Sie ihm kurz einmal einen kleinen Taschenspiegel hinhalten. Ein fitter Kampffisch wird sofort mit dem Imponieren und mit Drohgebärden beginnen, indem er seine Flossen und Kiemendeckel abspreizt. Eventuell wird er auch mit kreisenden Bewegungen reagieren, die Kiemendeckel aufstellen und dabei seine abgespreizten Flossen rütteln.

Ich empfehle Ihnen eine Haremshaltung der Kampffische, d. h. ein Männchen mit 2 – 3 Weibchen. So vermeiden Sie zu viel Druck und Jagd-Stress für ein einzelnes Weibchen, der vom Männchen ausgeht. Sein Interesse verteilt sich bei einer Haremshaltung gleichermaßen auf alle weiblichen Fische, sodass jedes Kampffischweibchen auch immer wieder Ruhephasen hat, wenn er einem anderen Weibchen hinterher ist. Sollte Ihr Aquarium recht groß sein, könnten Sie sogar noch mehr Weibchen einsetzen.

Eine reine Pärchen-Haltung kann in der Regel zu unnötigen Spannungen, Jagden und Stress zwischen den beiden führen, sodass das Weibchen der Wahrscheinlichkeit nach nicht zu alt wird. Dieses Verhalten ist jedoch auch immer abhängig von den Charaktereigenschaften Ihres Kampffischmännchens. Manche Exemplare sind ruhiger Vertreter ihrer Art, andere sind recht wild und sehr triebig.

Von einer Vergesellschaftung mit anderen Fischen rate ich, wie bereits erwähnt, eher ab. Was in der Regel jedoch gut funktioniert und einem Kompromiss nahekommt, sind als Mitbesatz beispielsweise ruhige Vertreter der Welse, die sich auf dem Boden aufhalten. Achten Sie bei der Auswahl der Arten auf nicht zu große Flossen der Welse, denn das könnte in Ihrem

Kampffischmännchen Territorialverhalten auslösen. Panzerwelse oder Antennenwelse eignen sich beispielsweise gut als Vergesellschaftungsfische. Eine weitere Vergesellschaftungsmöglichkeit ist die mit verschiedenen Schnecken oder Garnelen. Vorausgesetzt, sie passen aufgrund ihrer Größe nicht in das Maul des Kampffisches.

Im Aquarium – Im Vorbild der Natur!

Bei der Auswahl des richtigen Aquariums für Kampffische scheiden sich die Geister. Es gibt Aquarianer, die für die Haltung der Fische auf Nanobecken oder gar große Gläser schwören. Mit dieser Art und Weise die Tiere zu halten, wurden auch bereits in der Vergangenheit große Zuchterfolge erzielt. Was natürlich beweist, dass es die Tiere in ihrem natürlichen Verhalten nicht einschränkt. Diese Art der Haltung ist u. a. ratsam, wenn Sie nur ein Tier der sowieso einzelgängerischen Fischart halten möchten.

Somit vermeiden Sie unnötigen Stress für das Tier, denn ein kleiner Behälter ist schließlich ein Revier, das eine kleine Pfütze nachahmt, und wäre durch schwankende Pfützen-Größen auch in der Natur möglich.

Sollten Sie recht großflossige Kampffische halten wollen, die bereits körperlich und motorisch durch die Flossen beeinträchtigt sind, würde ich auch eher zu einem kleinen Becken raten. In einem kleinen Becken gewährleisten Sie dem Tier einfach kürzere Wegstrecken und weniger Anstrengung, da der Aufwand, mit den riesigen Flossen zu schwimmen, ohnehin recht hoch ist. So vermeiden Sie, dass sich der Fisch unnötig verausgabt.

Aus meiner Sicht sollte so ein Becken 18 Liter jedoch auf keinen Fall unterschreiten. Ich persönlich befürwortete diese Haltung in kleinen Becken nicht unbedingt. Allerdings sollte man die gerade genannten Situationen ausschließen können und zur Haremshaltung tendieren oder Kampffische pflegen, die nicht körperlich eingeschränkt sind.

Ganz wichtig, egal, wie groß Ihr Aquarium nun sein sollte: Überprüfen Sie es, bevor Sie das oder die Tiere einsetzen, ob es sich irgendwo spiegelt. Das Kampffischmännchen wäre sonst im Dauerstress, weil es nur noch mit Droh- und Imponiergehabe gegen sein eigenes Spiegelbild beschäftigt wäre.Für die Haltung eines oder mehrerer Kampffische empfehle ich mindestens ein 54-Liter-Aquarium oder gar ein größeres Becken, sollten Sie den Platz dafür haben. Das artgerechte Halten in einem großen Becken im Vergleich zur Körpergröße des Kampffisches hat mehrere Gründe: Je größer das Aquarium ist, desto leichter ist es für Sie, die Wasserwerte und die Wassertemperatur stabil und gleichmäßig zu halten.

Das kommt der Gesundheit Ihrer Fische zugute und Sie haben einen geringeren Pflege- und Kontrollaufwand für das Becken. Hinzu kommt, dass ein größeres Aquarium schöner gestaltet werden kann, einen großartigen Blickfang in Ihrer Wohnung bietet und zugleich auch mehr Lebensqualität für die Fische entsteht. In der Regel lässt sich ein Aquarienset mit Deckel, Beleuchtung und Filter für einen moderaten Preis im Zoofachhandel erwerben. Der richtige Standort für das Aquarium sollte so gewählt werden, damit Sie keine direkte Sonneneinstrahlung haben. Ansonsten würde Ihnen dies die Wassertemperatur unkontrolliert in die Höhe treiben und Algen explosionsartig wachsen lassen. Ein stabiler Unterschrank ist eine weitere Grundvoraussetzung für den richtigen Standort des Aquariums.

Bei der Standortwahl sollten Sie die Stressemp-findlichkeit der Kampffische unbedingt berücksichti-gen. Ein Flur, in dem den ganzen Tag Leute hin- und hergehen, wäre beispielsweise denkbar ungünstig. Ein Standort hinter einer Türe könnte beim zu stürmischen Öffnen der Türe zum Glasbruch am Aquarium führen. Auch das Klopfen an der Scheibe gilt es zu vermeiden.

Die Beleuchtungsdauer über ihre Aquarienbe-leuchtung sollte zu Anfang während der Einlaufphase täglich am Stück nur um die 6 Stunden von Dauer sein. Sie können nach der ersten Woche die Beleuchtungs-zeit dann wöchentlich um jeweils eine Stunde erhöhen. Würden Sie gleich mit etwa 12 Stunden Beleuchtung am Tag in Ihrem Becken beginnen, würde Ihnen dies das Algenwachstum im noch nicht eingelaufenen Aquarium explodieren lassen. Nun aber zur Einrich-tung: Um Stress für die Kampffische zu vermeiden, ist eine naturnahe Gestaltung des Aquariums unaus-weichlich. Ich rate Ihnen daher zu einem eher dunklen Bodengrund, gern Aquarienkies in einer feinen bis mittleren Körnung. Bitte lassen Sie die Finger von grell-buntem Kies, der eventuell das Licht zurückspie-gelt und ihre Tiere ungemein stören kann. Das Gleiche gilt auch für lustige, farbenfrohe Plastik-Deko-Gegen-stände. Sie würden Ihren Tieren damit nur schaden.

Waschen Sie den Kies in einem Sieb, bevor Sie ihn ins Aquarium schütten. Dies sollten Sie mehrmals wiederholen, um alle eventuellen Verunreinigungen zu beseitigen.

Wie bereits erwähnt, bevorzugt der Kampffisch krautige, stille, nicht allzu tiefe Gewässer. Ich empfehle Ihnen daher als Erstbesatz schnell wachsende Wasserpflanzen, wie etwa **Vallisnerien, Hornkraut, Mooskraut** oder die **Wasserpest** einzusetzen. Um für die Wasserpflanzen ein optimales Anwachsen zu gewährleisten, können Sie eine Nährschicht in Form eines speziellen Bodengrundes, der unter den Kies platziert wird, einfügen. Ansonsten werden Sie im gut sortierten Fachhandel noch viele weitere Artikel finden, die für ein gelungenes Anwurzeln der Pflanzen im Kies sorgen.

Ich habe in meinem Kampffischbecken gute Erfahrungen mit speziellen Dünger-Kugeln gemacht, die man direkt neben der Pflanze in den Kies hineindrückt. Sie versorgen die Pflanze gezielt mit Nahrung, die in Kleinstmengen platziert werden kann, ohne dass man Gefahr läuft, das Aquarium zu überdüngen. Eventuell ist es bei Ihrer Pflanzenauswahl sogar ratsam, einen guten Flüssigdünger zu verwenden. Hierzu sollte Sie aber der Verkäufer Ihres Vertrauens individuell beraten, der sich bestens mit den Bedürfnissen der Wasserpflanzen auskennen sollte. Kampffische fühlen sich jedenfalls in einem dichten Dschungel wesentlich wohler als in einem sehr übersichtlichen, nackten Becken.

Wasserpflanzen wie beispielsweise das **amerikanische Perlblatt**, das **große Fettblatt** oder der **Zwergamazonas** eignen sich auch bestens als Bepflanzung. Jedoch wachsen diese Wasserpflanzen nicht so schnell wie die bereits genannten Arten. Ein Anteil von ¾ des Aquarienvolumens darf gern verkrautet sein. Schwimmpflanzen, wie etwa die **Muschelblume**, die **Schwimmende Wolfsmilch**, der **Kleinohrige Schwimmfarn**, der **Südamerikanische Froschbiss**, diverse **Hornfarne**, der **Sumatrafarn**, das **Raue Hornblatt, Feen- und Lebermoose** oder die **gemeinen Wasserlinsen** bieten dem Kampffisch wertvolle Versteckmöglichkeiten und schattige Zonen. Je mehr Pflanzen Sie einsetzen, desto besser wird sich die Wasserqualität in Ihrem Aquarium entwickeln.

Wasserpflanzen sind einer der wertvollsten Bestandteile jedes Aquariums. Sie sind der Schlüssel für eine gute und stabile Qualität des Wassers. Wasserpflanzen reichern das Wasser mit Sauerstoff an, dass sie aus Kohlendioxid während der Fotosynthese umwandeln und im Wasser freisetzen. Während der Nacht passiert die Fotosynthese allerdings nicht. Dann ruhen die Pflanzen, genau wie die Fische und verbrauchen selbst einen kleinen Teil des in das Wasser abgegebenen Sauerstoffes, den sie über ihre Zellwände wieder aufnehmen.

Wasserpflanzen ziehen Ihnen überschüssige Nährstoffe aus dem Wasser, wie etwa den Kot der Fische oder zu viel Futter, das dort im Wasser zu einer gefährlichen Nitrit-Konzentration führen könnte. Wasserpflanzen sind in der Lage, diese überschüssigen Nährstoffe, die das Aquariumswasser unnötig belasten können, in Pflanzendünger umzuwandeln, zum Nutzen ihres eigenen Wachstums. Halten Sie die Temperatur in Ihrem Becken hoch, sinkt der Sauerstoffanteil im Wasser ab. Umgekehrt funktioniert dies bei niedrigeren Wassertemperaturen. Ist das Wasser kälter, ist es in der Lage, mehr Sauerstoff aufzunehmen und anzureichern.

Sollten Sie mehr Sauerstoff in Ihrem Aquarium haben wollen, können Sie einen **Diffusor** einsetzen. Der Diffusor reichert das Wasser gleichmäßig mit Sauerstoff an, was in der warmen Jahreszeit von Vorteil sein kann. So können Sie eine gleichmäßige, beständige

Sauerstoffzufuhr gewährleisten, trotz eventueller Temperaturschwankungen im Wasser. Achtgeben sollten Sie bei einem Einsatz von einem Diffusor darauf, dass keine allzu starke Strömung in Ihrem Aquarium entsteht.

Das kann auch schon mit der Platzwahl oder der Dimmung des Gerätes zusammenhängen. Sollten Sie mit dem Einsatz eines Diffusors unsicher sein, ob es das Richtige für Ihr Aquarium ist, beobachten Sie Ihre Kampffische genau nach dem Einsetzen des Gerätes. Ihre Tiere werden ein etwaiges Unwohlsein signalisieren, sollte die Strömung zu stark sein. Aufgrund einer hohen Pflanzendichte und wenig Fischbesatz rate ich Ihnen sogar, gar keinen Filter einzusetzen, wenn das Aquarium in Balance ist mit den unterschiedlichen Wasserwerten und dem Sauerstoffgehalt im Wasser passt. Für die Kampffische wäre ein Aquarium ohne Filterung perfekt, da sie in der Regel die Strömung nicht besonders mögen, sondern eher stille bis stehende Gewässer bevorzugen. Weiterhin umgehen Sie das Problem, dass keine störenden Geräusche im Wasser stattfinden, die rund um die Uhr vom dauerhaften Brummen des Filters ausgehen könnten.

Achten Sie bitte gut darauf, dass eingesetzte Schwimmpflanzen nicht die komplette Wasseroberfläche überwuchern. Die Kampffische müssen noch so viel Freiraum besitzen, um problemlos auftauchen und Luft holen zu können. Wasserlinsen können sich beispielsweise recht schnell flächendeckend vermehren und so zum Problem einer Oberflächenverdichtung führen. Bitte verwenden Sie auch keine Plastikpflanzen; das könnte für die Fische tödlich sein, wenn sie sich etwa schneiden oder abstehende Plastikteile auffressen. Außer dem Aspekt der Dekoration bietet so eine Plastikpflanze absolut keinen Mehrwert oder Vorteil für Ihr Aquarium.

WIE WASSERWERTE VON DER AQUARIEN-DEKO BEEINFLUSST WERDEN KÖNNEN

Der pH-Wert des Wassers sollte stabil um die 6 – 8 liegen, die Gesamthärte des Wassers zwischen 5 – 15 °dGH im Durchschnitt. Die Karbonat-Härte sollte unter 4 °dKH liegen. Sie können die Wasserqualität mit der weiteren Dekoration und Einrichtung Ihres Aquariums beeinflussen.

Sollten Sie sich für Steine entscheiden, sollten Sie auf jeden Fall darauf achten, dass die Steine keinen Kalk in das Wasser abgeben und so die Wasserchemie bezüglich der Wasserhärte nach oben treiben. **Kalkstein** oder **Lochgestein** wären also beispielsweise denkbar ungünstig. **Sandstein, Drachenstein, Granit, Tongestein, Schiefer, Vulkanite** wie z. B. **Basalt** oder **Quarzsteine** wären zum Beispiel sehr gut für ein Kampffischbecken geeignet. Die Steine sollten vor dem Einsetzen in das Becken auf jeden Fall gut gewässert und abgespült werden, um sich keine eventuellen Verunreinigungen in das Becken zu holen. Ich empfehle Ihnen sogar, die Steine mehrere Tage hintereinander in einen Eimer mit Wasser zu legen und dann erst abzuspülen.

Das Wasser sollten Sie jedoch während der Prozedur täglich erneuern. Wurzeln hingegen machen das Wasser in der Regel weich und senken den Härtegrad, was geradezu perfekt für ein naturnahes Kampffischaquarium und dessen Wasseransprüche wäre. Der Wasserstand im Aquarium sollte idealerweise für Ihre Kampffische eine Füllhöhe von ca. 15 cm haben. Um möglichst stabile Wasserwerte zu gewährleisten, sollte man das Aquarium vor dem Besatz der Fische „einlaufen" lassen.

Das bedeutet, dass Sie dem Aquarium mindestens 4 Wochen Zeit geben, um eine stabile Biologie durch die Ansiedelung bestimmter wertvoller Bakterien zu erreichen. Um diesen Vorgang zu beschleunigen, können Sie auf sogenannte „Starterbakterien" im Fläschchen aus dem Zoohandel zurückgreifen oder einen befreundeten Aquarianer um einige Liter Wasser aus einem gesunden und eingefahrenen Aquarium bitten.

So können Sie sicher sein, dass sich Ihre Wasserwerte auf eine gesunde und natürliche Weise entwickeln und stabilisieren. Sie können Ihre Wasserwerte sogar mit verschiedenen Test-Kits selbst testen und kontrollieren. Eine regelmäßige Routinekontrolle würde ich Ihnen auf jeden Fall nahelegen. So sind Sie immer auf dem Stand der Dinge und können rechtzeitig reagieren, falls doch mal etwas nicht in Ordnung sein sollte. Für die Wassertests können Sie im Fachhandel ganze Set-Köfferchen, Teststreifen oder einzelne Fläschchen kaufen – ganz individuell.

DER WASSERWECHSEL

Idealerweise erfolgt ein Wasserwechsel oft und in kleineren Mengen als beispielsweise relativ selten und dafür regelmäßig oft. Denkbar schlecht wäre beispielsweise einmalig ein Wasserwechsel im Halbjahr, wobei man dann den gesamten Inhalt des Aquariums austauscht.

Das wäre für die Fische ein Schock, sofern sie es überhaupt überleben würden. Am besten, man wirft für den Wasserkreislauf im Aquarium einen Blick in die Natur, und zwar in den Wasserkreislauf von Kleingewässern. Die Sonne scheint auf ein Kleingewässer und lässt stets gewisse Mengen an Wasser verdampfen. Das kleine Gewässer wird aber wiederum regelmäßig und beständig mit Frischwasser gespeist, beispielsweise durch Regenwasser oder einen Wasserzulauf. So entsteht im Idealfall ein kontinuierlicher und regelmäßiger Kreislauf des Wassers im Kleingewässer, beispielsweise in den Tümpeln von frei lebenden Kampffischen.

Natürlich droht dennoch in der heißen Jahreszeit immer die Gefahr durch Austrocknung bei zu starker Sonneneinstrahlung und zu wenig Regen. Beim regelmäßigen Austausch von Wasser in kleineren Mengen vermeiden Sie eine Anreicherung mit Nitrit und sorgen für stabile Wasserwerte. Idealerweise saugt man den Boden vorsichtig mit einer Mulmglocke ab.

So werden unnötiger Schmutz, Kot oder Futterreste vom Boden des Aquariums entfernt und eine entsprechende Menge des Wassers läuft mit dem Absaugen ab. In der Regel sollte das nicht mehr als ein Drittel, allerhöchstens die Hälfte des Aquarieninhaltes sein. Jetzt können Sie das Wasser wieder in der richtigen Qualität und Temperatur auffüllen. Fertig.

DIE RICHTIGE FILTERUNG FÜR IHR KAMPFFISCHAQUARIUM

In einem gut funktionierenden, eingefahrenen Becken muss, wie bereits erwähnt, nicht unbedingt eine Filterung stattfinden. Ohne Filter heißt für Sie jedoch, oft und regelmäßig das Aquarienwasser zu wechseln. Sollten Sie weder die Zeit noch die Lust zu einem häufigen Wasserwechsel haben, ist ein Filter auf jeden Fall sinnvoll. Er filtriert das Wasser rund um die Uhr gleichmäßig und befreit es somit von Verschmutzungen oder Schadstoffen. Der Filter sollte alle 2 bis 3 Wochen gereinigt werden. Dafür wäscht man die Filterwatte und den Schwamm gut aus.

Möchten Sie es ganz genau machen und keine wertvollen Bakterien verlieren, können Sie sich etwas Aquarienwasser herausschöpfen und in diesem Ihre Filterwatte und das andere Material auswaschen. Das abgeschöpfte Aquarienwasser wird durch frisches Wasser ersetzt und das verunreinigte wird weggeschüttet. Sie können das Filtermaterial aber auch normal unter fließendem, lauwarmem Leitungswasser

ausspülen. Es gibt mittlerweile recht gute, kleine In-
nenfilter von diversen Nanobecken-Herstellern. Diese
sind speziell entwickelt für geringe Wassermengen in
kleinen Becken, relativ strömungsarm und sehr leise.
Viele dieser Filter sind sogar regulierbar, was die
Stärke der Strömung betrifft. Sie können die Strömung
des Filters jedoch nochmals vermindern und brechen,
indem Sie den Auslauf des Filters zusätzlich mit einem
Ausflussrohr verlängern.

Dieses Rohr hat viele kleine Löcher. Nun in die
Richtung der Aquariumscheibe gedreht, bricht das
Auslaufrohr die Strömung fast gänzlich. Ganz wichtig
ist es für Sie in Ihrem Kampffischbecken, die Strömung
des Filters niemals in der Nähe eines Schaumnestes zu
platzieren! Das Nest würde sofort kaputtgehen.

TECHNIK, BELEUCHTUNG UND CO.

Bei einem Kampffischaquarium, das in Balance ist,
werden Sie zur Haltung anderer Zierfische wenig
Technik brauchen. Eine optimale Qualität des Lichts ist
notwendig. Da es Kampffische nicht allzu hell mögen
und Sie mit entsprechender Wasserbepflanzung für
schattige Plätze für Ihre Tiere im Aquarium gesorgt

haben, sollte der Fokus der Lichtqualität bei den Wasserpflanzen und nicht unbedingt auf den Fischen liegen.

Die Beleuchtungsdauer sollte bei 10 – 12 Stunden täglich durchgehend liegen. Idealerweise haben Sie eine passende Leuchtstoffröhre, die für eine optimale Lichtversorgung Ihrer Wasserpflanzen sorgt, schon mit dem Kauf Ihres Aquariums in dessen Abdeckung erworben. Eine gute Leuchtstoffröhre hält zwischen 15.000 und 25.000 Stunden. Das sind bei 12 Stunden Licht am Tag etwa drei bis fünf Jahre. Sollten Sie als Beleuchtung LEDs haben, halten diese bei einer 12-stündigen Beleuchtung täglich bis zu 11 Jahre lang.

Die Lichtintensität sollte bei Ihrer Beleuchtung im mittleren Segment, bei etwa 25 bis 30 Lumen pro Liter liegen. Ist die Lichtintensität der Beleuchtung höher, reichen 10 Stunden Licht am Tag. Ist die Lichtintensität Ihrer Beleuchtung niedriger, sollten Sie sie länger brennen lassen, am besten 12 Stunden pro Tag. Beginnt Ihre Leuchtstoffröhre zu flackern oder wird dunkler, ist es Zeit, sie gegen eine neue auszutauschen. Sollten Sie mehrere Leuchtstoffröhren in Ihrer Aquareinabdeckung haben, empfiehlt es sich, nicht alle Röhren gleichzeitig auszutauschen.

Es sollte ein Zeitraum von ungefähr zwei Wochen

zwischen dem Wechseln der einzelnen Röhren liegen. Sollte es nach dem Wechseln der Leuchtstoffröhren zu vermehrtem Algenwachstum kommen, ist das nicht selten, sondern ein altbekanntes Problem in der Aquaristik. Auch Ihre Wasserpflanzen müssen sich erst wieder an das neue, intensivere Licht gewöhnen. Sollten Sie eine Veränderung nach dem Wechsel der Beleuchtung bei Ihren Pflanzen feststellen, so wie übermäßiges Algenwachstum, können Sie die tägliche Beleuchtungsdauer des Aquariums auf 8 bis 10 Stunden zurücksetzen. Nach etwa einer Woche ist es möglich, die Gewöhnung der Pflanzen zu steigern und die tägliche Beleuchtungsdauer langsam, am besten wöchentlich um eine Stunde, zu verlängern. Das machen Sie so lange, bis Sie wieder Ihre gewünschte Beleuchtungsdauer erreicht haben.

Für das Regulieren Ihrer Beleuchtungzeit empfehle ich Ihnen eine Zeitschaltuhr, die Sie in jedem Baumarkt erwerben können. Ein Heizstab und ein Thermometer sind auf jeden Fall technische Geräte, auf die Sie in Ihrem Aquarium keinesfalls verzichten sollten. Der Heizstab heizt das Wasser auf die gewünschte Temperatur, idealerweise 24 °C für den Kampffisch. Durch das eingebaute Thermostat schaltet er sich beim Erreichen der gewünschten Temperatur wieder ab.

Wird die Temperatur unterschritten, heizt er sofort wieder nach. Das Thermometer ist für Sie ein Kontrollinstrument der Temperatur ihres Aquarienwassers. Es sollte irgendwo mittig angebracht werden, denn die Wassertemperatur kann vom Boden des Aquariums bis hin zur Oberfläche, wo es sich durch das Licht noch aufgeheizt werden kann, schwanken. Oft sind Heizstab und Thermometer bei Aquarien-Komplett-Sets schon enthalten. Sollten Sie sich einen Heizstab anschaffen müssen, informieren Sie sich bitte, welche Heizleistung Sie bei dem Gerät für Ihr Wasservolumen im Aquarium benötigen.

DIE WASSERTEMPERATUR – WIE ERKENNEN SIE, WENN IHR AQUARIUM ZU WARM IST?

Normalerweise wird der auf die gewünschte Temperatur eingestellte Heizstab das Wasser gleichmäßig warmhalten. Steigt die Wassertemperatur jedoch im Aquarium, weil sich beispielsweise der Raum aufheizt oder das Thermostat des Heizstabes defekt ist, kann es für die Bewohner Ihres Aquariums brenzlig werden. Sie werden die gefährliche Situation am Verhalten

Ihrer Fische und Ihrer anderen Aquarienbewohner ohne einen Blick auf das Aquarienthermometer erkennen.

Man sieht bei den Tieren ein deutliches Unwohlsein, dass sie klar zeigen. Die Fische halten sich bei zu hohen Temperaturen im Wasser an der Oberfläche auf und versuchen dort, mit Schnappatmung an Sauerstoff zu gelangen. Die Schnappatmung erkennen Sie an sehr schnellen, hektischen Bewegungen der Kiemendeckel.

Steigt die Temperatur im Wasser, können die Fische nur noch sehr schwer über die Kiemen im Wasser atmen, da der Sauerstoffgehalt stark zurückgeht. Auch niedere Tiere, wie z. B. Wasserschnecken oder Garnelen, werden versuchen, in so einer Situation schnellstmöglich nach oben an die Oberfläche des Beckens zu wandern. Anders ist es bei Krebsen, die in der Regel ruhig auf dem Boden sitzen bleiben und langsam sterben. So eine Situation kann schnell einmal an sehr heißen Sommertagen passieren oder in Dachwohnungen, die sich schnell aufheizen können.

Auch die Beckengröße spielt bei der Erhitzung des Wassers wieder eine Rolle. Kleine Becken heizen sich viel schneller auf als große Aquarien. Ab 29 °C Wassertemperatur ist die Temperatur zu hoch. Bei Garnelen kann zu warmes Wasser schon bei 26 °C beginnen.

Sie sollten Temperaturschwankungen im Aquarium niemals unterschätzen. Eine Temperaturschwankung kann das Platzen der Schwimmblase Ihrer Fische verursachen. Sollte das abnormale Verhalten Ihrer Tiere jedoch nicht an der Temperatur liegen, ist ein zu hoher Nitrit-Gehalt wahrscheinlich und ein Nitrit-Test wird nötig. Liegen tatsächlich zu hohe Temperaturen im Wasser vor, müssen Sie rasch handeln und das Aquarium herunterkühlen. Dabei sollten sie unbedingt sanft und umsichtig vorgehen. Ein Teilwasserwechsel mit kühlerem Wasser kann Erfolg zeigen, ohne dass er die Aquarienbewohner schockt. Sollten Sie ein großes Aquarium haben, können Sie nun Kühl-Akkus oder Eiswürfel verwenden, um die Wassertemperatur zu kühlen. Vorsicht bei Eiswürfeln. Sie sollten das dazu verwendete, gefrorene Wasser gut kennen, damit Sie sicherstellen können, dass Sie Ihr Aquarium nicht verunreinigen. Beispielsweise durch etwa die Verwendung von gesüßtem oder aromatisiertem Wasser, das zur Eiswürfelzubereitung benutzt wurde. Eine längerfristige und konstantere Abkühlung des Raumes während der heißen Jahreszeit schafft eine deutlich stabilere Wassertemperatur auf Dauer.

Die Abkühlung des Raumes kann durch Abdunkelung mit Jalousien oder blickdichten Vorhängen geschehen. Auch ein Ventilator, regelmäßiges Lüften oder eine Klimaanlage helfen. Das Öffnen des Aquariumdeckels, sofern es Ihr Fischbesatz zulässt, hilft auch, um die Wassertemperatur dauerhaft niedriger zu halten. Bei springenden Fischen könnten Sie sich mit einer Gitterabdeckung behelfen, an der sich die Fische nicht verletzen können.

SCHLECHTE WASSERWERTE UND KRANKHEITEN

Natürlich ist das Vorbeugen gegen Krankheiten und die Gesunderhaltung Ihres Kampffisches viel besser, als ihn später wegen Versäumnisse wieder aufpäppeln oder sogar mit Medikamenten behandeln zu müssen. Vorbeugung gegen Krankheiten gelingt mit guten Wasserwerten, abwechslungsreichem, hochwertigem Futter und der Vermeidung von Stress. Sollten Sie optimale Bedingungen für Ihren Kampffisch schaffen, wird dieser in der Regel munter durch sein Aquarium schwimmen. Sollte es jedoch dennoch vorkommen, dass Sie eine Veränderung bei Ihrem Tier bemerken, ist Handeln angesagt.

Müssen Sie Ihren Kampffisch mit Medikamenten behandeln, wäre ein Quarantäneaquarium sinnvoll. So können Sie Ihr Tier zügig in dieses möglichst sterile Becken setzen und gezielt behandeln, bis es genesen ist. In einem Quarantänebecken können Sie den Wasserstand so absetzen, dass Sie Ihr Tier in seinen Bewegungen ruhiger stellen können. Außerdem vermindern Sie durch die sterile Quarantänehaltung in einem separaten Becken eine Vermehrung von Bakterien im Aquariumwasser.

Das ergibt beispielsweise Sinn bei starken offenen Wunden, die abheilen müssen. Hat Ihr Kampffisch leichtere, offene Hautstellen oder Verletzungen, können Sie **Seemandelbaumblätter** im Wasser anwenden.

Diese werden in das Aquarium gelegt und sondern spezielle Säuren ab, die antibakteriell, pilzhemmend und desinfizierend wirken. Wie viele Sie von den Blättern für Ihr Wasservolumen benötigen, können Sie sich mittels der Packungsbeilage errechnen. Auch **Erlenzapfen** haben so eine ähnliche Wirkung wie Seemandelbaumblätter.

Bemerken Sie an Ihren Tieren weiße Pünktchen, handelt es sich um **Ichtyo**, die sog. **Pünktchenkrankheit**. Der Verursacher ist ein Außenparasit. Gegen Außenparasiten (z. B. **Ankerwürmer, Ichtyo, Samtkrankheit, Kiemen-Würmer, Fadenwürmer,**

Schuppenwürmer, **Saugwürmer**) sowie einen **leichten Bakterienbefall** hilft in der Regel **Salz** sehr gut. Bitte verwenden Sie kein Salz bei Fischen mit offenen Wunden. Das kann bei den Tieren starke Schmerzen verursachen. Salz im Wasser löst die Schleimhaut des Fisches und somit den Außenparasiten. Außerdem hilft es bei der Neubildung der Schleimhaut, nachdem die alte abgestoßen wurde. Am besten, Sie verwenden ganz normales **Meersalz** aus dem Supermarkt. Das Salzbad sollte in einem separaten Aquarium erfolgen, in das der Fisch mit seinem Aquariumswasser umgesetzt wird.

Nun wird langsam etwas Salz hinzugefügt. Da sich bei Salzzugabe jedes Mal der pH-Wert verändert, muss die richtige Dosierung vorsichtig und mit viel Gefühl vonstattengehen. Die Abstände der neuen, weiteren Salzzugaben sollten ungefähr 10 Minuten betragen. So kann sich der Fisch jedes Mal neu daran gewöhnen. Würden Sie den Fisch von jetzt auf gleich in ein Becken mit einer hohen Salzkonzentration setzen, würde er an dem Schock vermutlich sterben. Ein Salzbad sollte nicht länger als 30 Minuten dauern. 10 – 30 Gramm Salz pro Liter sollten bei dieser Behandlung nicht überschritten werden.

Beginnt der Fisch zu schwanken, muss er

umgehend aus dem Salzbad genommen und in frisches Wasser gesetzt werden. Ist Ihr ganzes Aquarium mit Außenparasiten befallen, kann ein Dauerbad, indem Sie dem ganzen Becken Salz zufügen, helfen. Natürlich sollte man dabei das Salz nicht überdosieren. Die optimale Dosierung liegt hierfür bei 1 – 5 Gramm Salz pro Liter. Nach spätestens 7 bis 10 Tagen sollte man das salzige Dauerbad beenden und das Wasser wechseln. Weiterhin kann eine kurzzeitige Erhöhung der Wassertemperatur bei der Entfernung eines Befalles mit Außenparasiten hilfreich sein.

Diese Methode würde ich allerdings nicht unbedingt bei Kampffischen anwenden. Bei Diskusfischen und Skalaren werden bei dem Verfahren regelmäßig gute Erfolge erzielt, indem man die Wassertemperatur auf bis zu 33 °C erhöht. Die meisten Außenparasiten sterben bereits bei 28 °C ab. Natürlich bleiben die hohen Wassertemperaturen nur kurzfristig für ein paar Tage. Auch eine Gewöhnung der Fische an die hohe Temperatur muss möglich sein, wobei man die Temperatur am besten langsam schrittweise im Zeitraum von 2 bis 3 Tagen hochfährt.

Bei sehr **starkem Bakterienbefall** Ihrer Kampffische kann ein Kurzbad in **Ceylon-Zimt**-Wasser helfen. Bitte verwenden Sie für diese Behandlung nur

Ceylon-Zimt! Für die Behandlung überbrühen sie ein bis zwei Stangen Ceylon-Zimt mit kochendem Wasser und lassen den Ceylon-Zimt darin zwei Stunden ziehen. Ist der Sud auf Ihre Wunschtemperatur abgekühlt, setzen Sie den kranken Fisch in einem separaten Becken maximal 15 Minuten in den Sud hinein. Sollte der Fisch während der Behandlung kippen, müssen Sie ihn umgehend aus dem Wasser nehmen und in frisches Wasser setzen.

Sollte eine **Ammoniakvergiftung** vorliegen, sollten Sie als allererste Maßnahme das Wasser wechseln – bis zu 90 % des Wasservolumens Ihres Beckens. Kein Fisch überlebt ein mit Ammoniak vergiftetes Wasser. Tiere, die bereits gestorben sind, haben häufig einen gedrehten Kopf. Die noch lebenden Fische hängen mit Schnappatmung und gespreizten Kiemen an der Oberfläche. Eine Ammoniakvergiftung ist unsichtbar und kann viele verschiedene Ursachen haben: Es wird geraucht im Zimmer, Putz- oder Waschmittel sind in das Becken gelangt, Sie haben mit Handseife oder Handcreme in das Aquarium gefasst, Ihre Filterbakterien arbeiten nicht richtig, oder es steht ein Raumduftdiffusor in der Nähe des Aquariums. Ich empfehle Ihnen für Ihr Wassertest-Set einen NH_4-Test, womit Sie im Notfall Ihr Aquarienwasser auf

Ammoniak testen können.

Von einer **Nitrit-Vergiftung** spricht man, wenn der Nitrit-Wert über 0,4 mg/l liegt. Ab da kann es für die Bewohner Ihres Aquariums bereits kritisch werden und Dauerschäden an den Tieren verursachen oder zum Tod der Fische führen. Idealerweise ist der Nitrit-Wert im Aquarienwasser immer bei 0 mg/l. Mit einem NO_2-Test können Sie den Nitrit-Wert im Wasser regelmäßig kontrollieren. Er sollte nie einen längeren Zeitraum über 0,1 mg/l liegen. Manchmal tritt eine Nitrit-Vergiftung ein, wenn man zu viele gute Bakterien im Wasser und im Filter zerstört. Das passiert möglicherweise nach einer zu intensiven Reinigung des Filters und einem gleichzeitigen Wasserwechsel. Auch zu viel vergammelndes Restfutter im Wasser kann ein Verursacher sein. Liegt ein erhöhter Nitrit-Wert vor, sollten Sie sofort größere Mengen an Wasser wechseln.

Tumore findet man bei den Kampffischen auffällig oft bei der Zuchtvariante „Dragon" sowie bei Kampffischen, die metallische Farben aufweisen. Ansonsten können Tumore an jedem Fisch auftauchen, so wie bei jedem anderen Tier auch. Meistens passiert das altersbedingt.

Flossenschmelze findet man am häufigsten bei den Kampffisch-Zuchtvarianten „Halfmoon",

„Overhalfmoon" und „Rosetail". Dabei setzt sich die Flossenhaut einfach zurück und weist, anders als bei der Flossenfäule, keinen roten Rand auf. Es gibt Überlegungen, dass es wahrscheinlich neben Mangelerscheinungen bei diesen Zuchtvarianten ein erbliches Problem sein könnte.

Weibliche Tiere können unter **Laichverhärtung** leiden. Das geschieht oft, indem es als Einzelweibchen mit einem Männchen gehalten wird und dieses zu triebig ist. Bei dieser Krankheit kann das Weibchen den Laich nicht absetzen. Auch eine falsche, einseitige Ernährung kann eine Verursachung bei einer Laichverhärtung spielen. Das Erhöhen der Wassertemperatur auf 28 °C kann helfen, die Laichverhärtung zu lösen.

NACHWUCHS IN SICHT!

Fühlen sich Ihre Kampffische nach einiger Eingewöhnungszeit im Aquarium wohl, können Sie das Männchen beim Bauen eines Schaumnestes beobachten. Dies wird meist nahe der Wasseroberfläche an eine Schwimmpflanze angeheftet. Zeitgleich werden Sie auch bei Ihrem Weibchen eine Veränderung bemerken: An den Flanken der Tiere zeigen sich hellere Längsstreifen, die sogenannten Laichstreifen. Diese

Streifen signalisieren dem Männchen die Paarungsbereitschaft des Weibchens.

Das Männchen lockt das Weibchen jetzt mit einer Art Balztanz zu seinem Schaumnest. Dafür präsentiert er in Kreisen schwimmend seine schmuckvollen Schwanz- und Rückenflossen und spreizt die Kiemendeckel ab. Dann erfolgt nach einigen Probeanläufen die sogenannte Laichstarre. Die Eier und das Sperma werden dabei gleichzeitig unter starkem Gezitter abgesetzt.

Nach der Paarung und dem Absinken der Eier Richtung Grund des Aquariums, eilt das Männchen umgehend hinterher und nimmt die Eier in sein Maul auf. Er setzt sie dann im errichteten Schaumnest ab. Dort entwickeln sich die maximal 300 Eier nach bereits zwei Tagen, wenn die Temperatur um die 25 °C beträgt. Das Schaumnest bietet dem heranreifenden Nachwuchs Schutz vor Fressfeinden oder dem Verlorengehen in starker Strömung. Bereits am dritten Tag kann man schon kleinere Ausflüge der ersten Jungfische im Aquarium beobachten. Bei Kampffischarten, die mit stärkerer Strömung zurechtkommen müssen, hat sich im Laufe der Evolution die Maulbrutpflege entwickelt. Hierbei behält das Männchen die Eier so lange im Maul, bis die Jungen schlüpfen. Auch nach dem Schlupf werden die Jungfische immer wieder in das Maul gesaugt, wenn das Männchen eine potenzielle Gefahr wittert.

Dieses Verhalten ist beispielsweise typisch für den **Maul-brütenden Zwerg-Kampffisch** (Betta channoides), den **Gebänderten Kampffisch** (Betta taeniata) oder den **Dunklen Maulbrüter-Kampffisch** (Betta fusca).

Sollten Sie Ihre Kampffische in einem Gesellschaftsaquarium pflegen, ist es ratsam, zu Beginn der Paarungszeit alle Fische ganz kritisch für eventuelle Unverträglichkeiten im Auge zu behalten. Am besten, Sie haben zu der Zeit schon ein Ausweichbecken parat, wo Sie im Notfall die anderen Fische einsetzen können, während die Kampffische mit ihrer Brut beschäftigt sind. Nach der Beendigung der Laich- und Aufzuchtphase können Sie, sobald wieder Ruhe und der normale Alltag für die Fische eingekehrt sind, die anderen Fische wieder in das ursprüngliche Aquarium einsetzen. Aber Vorsicht: Die Fische waren über einen längeren Zeitraum nun nicht mehr beisammen und die Karten sind jetzt neu gemischt. Es kann sein, dass sie sich jetzt nicht mehr vertragen und Reviergrenzen neu abstecken und darum kämpfen. Sie sollten deswegen nach der Zusammenführung Ihre Tiere eine längere Zeit genau und intensiv beobachten und sofort auf Veränderungen reagieren. Übrigens: Sollten Sie Ihre Kampffische gern züchten wollen und bei denen tut sich nichts, ist es ratsam, die Wassertemperatur kurzfristig auf 27 °C oder 28 °C zu erhöhen. In der Regel werden die Tiere dann triebig und beginnen mit der Balz.

DIE ERNÄHRUNG – WIE FÜTTERE ICH RICHTIG?

Auch bei der Ernährung der Kampffische gilt, je abwechslungsreicher, desto besser und gesünder ist es für Ihre Tiere. In der Natur fressen Kampffische alles, was ins Maul hineinpasst. Das sind in der Regel verschiedene **Wasserinsekten**, wie z. B. **Wasserflöhe**, verschiedene **Käfer, Fluginsekten**, die auf dem Wasser landen, oder **Insektenlarven. Kleinorganismen** und **Garnelen** werden auch gern genommen. Auch werden größere und härtere Beutetiere nicht verschmäht, wie etwa **Larven** anderer Fische oder **Kaulquappen.** Ist die Beute recht groß, schnappt der Kampffisch so lange nach, bis er das Tier komplett verschlungen hat.

Im Zoofachhandel finden Sie eine Vielzahl unterschiedlicher Futterprodukte, wie genauso viele unterschiedliche Angaben zur Fütterungsempfehlung. Jedoch ist nicht alles, was der Hersteller des Futtermittels schreibt, für bare Münze zu nehmen. Füttern Sie **Flockenfutter**, ist es ratsam, in sehr kleinen Mengen zu füttern.

Im Prinzip pro Fütterung je eine Messerspitze voll Futter. Und das zwei- bis dreimal am Tag. Am Ende der jeweiligen Fütterung sollte nichts mehr an Futter auf der Wasseroberfläche schwimmen, alles sollte von den Fischen gefressen worden sein. Leider ist der eine oder andere Aquarianer dazu geneigt, seine Fische eher zu überfüttern. Das liegt oft an dem bettelnden Verhalten der farbenfrohen Aquarienbewohner. Und selbstverständlich fressen die Fische, wenn sie noch etwas an Futter nachgelegt bekommen. Fische sind Gelegenheitsfresser – d. h., sie fressen bei jeder Gelegenheit. Und das wäre auch gern fünfmal hintereinander, würde man es den Kampffischen geben. Aber Vorsicht: Eine dauerhafte Überfütterung der Fische führt langfristig zu Krankheiten oder gar zum Tod. Außerdem kann es nach sich ziehen, dass sich die Tiere nicht mehr fortpflanzen.

Eine ausschließliche Ernährung mit Flockenfutter ist jedoch in der Kampffischhaltung absolut verpönt. Man geht davon aus, dass es für die Tiere auf Dauer

Darm-schädigend sein kann, nur mit Flockenfutter er-
nährt zu werden. Ich denke jedoch, ab und zu eine
kleine Menge zu verfüttern, um Abwechslung zu gewährleisten, sollte kein Problem darstellen.

Empfehlenswert sind auf jeden Fall spezielle Fut-
tertabletten, die extra für die artgerechte Ernährung
der Kampf- und anderen Labyrinthfische entwickelt
wurden – sogenanntes **Betta-Futter**. Sehr gesund und
vielseitig für die Tiere wäre auf jeden Fall ein Angebot
an Lebendfutter. Dazu finden Sie im gut sortierten
Zoofachhandel Kühlschränke, die Ihnen unterschiedli-
ches Lebendfutter abgepackt anbieten.

Es handelt sich meistens um **rote, schwarze** und
**weiße Mückenlarven, Daphnien, Artemia, Tubi-
fex, Echyträen, Gammarus** und noch weitere
Kleinsttiere. Aus hygienischen Gründen empfehle ich
Ihnen, das Lebendfutter vor der Verfütterung aus der
Packung mit der Flüssigkeit in einem Sieb abzuseihen
und es eventuell noch einmal mit lauwarmem Wasser
zu überspülen. Damit verhindern Sie, dass Sie eventuelle Krankheitserreger, Kot oder Keime in das Aquarium einschleppen, dass sich in dem Hälterungswasser
des Lebendfutters angesammelt haben könnte. Aufbe-
wahren sollten Sie Lebendfutter immer im Kühlschrank.

Es spricht aus meiner Sicht auch nichts dagegen, in der warmen Jahreszeit einmal mit dem Kescher und einem Eimerchen loszuziehen und aus einem Gewässer beispielsweise **Wasserflöhe** abzukeschern und diese im Anschluss zu verfüttern. Für die Kampffische ist es ein leichtes, mit ihrem nach oben gerichteten Maul die Beute zu erwischen.

Und zusätzlich ist proaktiv zu jagen noch eine nette Abwechslung für Ihre Tiere. Sollten Sie keine Möglichkeit haben, sich selbst auf Insektenjagd zu begeben, können Sie im Zoofachhandel **Drosophila** kaufen. Das sind flugunfähige Fruchtfliegen, die es in der Regel in zwei verschiedenen Größen gibt. In der wiederverschließbaren Dose können Sie die Fliegen gut hältern und immer wieder portionsweise verfüttern. Oftmals schlüpfen immer wieder neue Fliegen nach, sodass Sie mit etwas Geduld länger etwas von einer Dose mit Drosophilae haben.

Das Lebendfutter wird nicht nur lebendig, abgepackt und in mit Wasser gefüllten Beuteln angeboten, es ist auch als **Frostfutter** erhältlich. Meist ist es in Platten vorportioniert eingepresst, optisch ähnlich einer Packung Eiswürfel. Frostfutter lässt sich viel länger in der Gefriertruhe lagern als Lebendfutter im Kühlschrank. Die Vorportionierung ermöglicht eine sehr kontrollierte Mengenvorbereitung des Futters. Empfehlenswert ist es jedoch, das Futter vor der Verfütterung in einem Sieb aufzutauen.

So gelangt das kalte Tauwasser nicht in Ihr Aquarium und verursacht unter Umständen gefährliche Temperaturschwankungen. Außerdem umgehen Sie wieder, eventuell vorhandene Krankheitserreger oder Kot in das Aquarium mit dem alten Frostwasser einzuschleppen. Neben dem Frostfutter finden Sie noch verschiedene **Granulate** oder **Gelfutter-Artikel**, die für die Fische angeboten werden. Ihre Entscheidung sollte auf jeden Fall immer auf Produkte mit einem hohen tierischen Eiweißgehalt fallen. Ein **Fastentag** für die Kampffische einmal pro Woche wird auf jeden Fall empfohlen.

Herstellung und Verlag:

BoD – Books on Demand, Norderstedt

ISBN: 9783754307281

© Jakob de Boer 2021

1. Auflage

Kontakt: Psiana eCom UG/ Berumer Str. 44/ 26844 Jemgum

Covergestaltung: Fenna Larsson

Coverfoto: depositphotos.com